ANTONIO VOLANTI

COSTITUIRE UNA SOCIETÀ

Come Aprire una Società Operando le Scelte più Convenienti e Minimizzando i Rischi

Titolo

"COSTITUIRE UNA SOCIETÀ"

Autore

Antonio Volanti

Editore

Bruno Editore

Sito internet

http://www.brunoeditore.it

Sommario

Introduzione

Quando si decide di avviare un nuovo *business*, molte sono le decisioni che occorre prendere. Poiché, però, ogni decisione deve essere presa in modo consapevole, è bene che essa sia preceduta da verifiche preventive che siano in grado di dirci quale sia il nostro mercato di riferimento, quali siano i nostri clienti target e a quali risorse finanziarie dobbiamo ricorrere.

Ma tali verifiche non sono sufficienti. Dopo dobbiamo scegliere la (migliore) forma giuridica che la nostra attività (più propriamente, la nostra impresa) deve rivestire. Una prima possibilità è aprire la cosiddetta ditta individuale, la quale rappresenta la forma giuridica più semplice per avviare un'attività d'impresa in quanto richiede pochi adempimenti. In tale caso la ditta individuale e la persona fisica che esercita l'impresa coincidono.

Spesso, però, accade che decidiamo di avviare la nostra impresa non da soli ma con "compagni di viaggio", oppure che tale attività sia particolarmente complessa, oppure semplicemente che si voglia separare il proprio patrimonio personale da quello dell'impresa al fine di ridurre i naturali rischi che sono connaturati a ogni attività imprenditoriale. Ecco che allora decidiamo di "aprire" una società (dando luogo a quello che si chiama *start up*). Anche tale scelta però, a sua volta, comporta ulteriori scelte che si riveleranno fondamentali per la buona riuscita dell'attività d'impresa.

Infatti, come si scoprirà nelle successive pagine di questo corso, avviare un'attività d'impresa in forma societaria comporta, innanzitutto, la scelta del tipo di società che meglio si adatta alle nostre esigenze. Infatti, la scelta migliore dovrà essere fatta tenendo conto dell'oggetto della nostra attività, dei rapporti che vogliamo instaurare con gli altri soci, dei possibili vantaggi fiscali e contabili e della struttura finanziaria che sarà impiegata.

Poiché avviare un'attività d'impresa costituisce una decisione importante, altrettanto importante è compiere una scelta consapevole individuando il tipo societario che meglio corrisponde agli obiettivi che ci prefiggiamo come soci. Una decisione non attentamente ponderata e un errore nella scelta societaria potrebbero avere pesanti ripercussioni non solo sulla stessa attività che abbiamo avviato ma anche su di noi e sugli altri soci che ne fanno parte. Questo corso si prefigge di fornirci le informazioni necessarie per costituire una società in modo consapevole e ponderato.

Poiché, però, l'ideazione e la realizzazione di ogni attività d'impresa fanno storia a sé, questo corso non può sostituire l'indispensabile consulenza di professionisti quali l'avvocato, il commercialista, il notaio, il fiscalista ecc. che possono accompagnare i soci nel percorso che conduce alla scelta e alla costituzione della società. Infatti, se noi e gli altri nostri soci non possediamo le giuste competenze giuridiche, contabili, fiscali ecc. è bene che ci avvaliamo della consulenza di professionisti preparati.

Risparmiare su questo fronte, potrebbe costarci caro in termini di rischi assunti in modo inconsapevole.

Infatti, in un'attività imprenditoriale ci sono sempre dei rischi:

l'importante è assumerli con consapevolezza.

Quindi, buona lettura e in bocca al lupo!

CAPITOLO 1:
Che cosa è una società e a che cosa serve

Prima di addentrarci a illustrare quali siano le migliori strategie per scegliere il tipo societario che più si adatta alle nostre esigenze, occorre, ovviamente, spiegare che cosa sia una società e a che cosa serva. Innanzitutto una società è un modo di esercizio dell'attività d'impresa.

Per impresa, dal punto di vista giuridico ed economico, s'intende l'esercizio di un'attività economica professionalmente organizzata per produrre o scambiare beni o servizi.
Quindi si avrà impresa quando:

- c'è l'esercizio di un'attività che ha quale scopo la produzione o lo scambio di beni o servizi;
- tale esercizio riguarda un'attività economica;
- tale attività è esercitata in modo professionale;
- mediante l'organizzazione dei così detti fattori della produzione (cioè le risorse umane e il capitale).

SEGRETO n. 1: una società è un modo di esercizio dell'attività d'impresa, cioè di un'attività economica professionalmente organizzata per produrre o scambiare beni o servizi.

La prima caratteristica sopra indicata è costituita dalla finalità dell'attività d'impresa che consiste:

- nella produzione (ad esempio una casa automobilistica con riferimento alle autovetture);

oppure

- nello scambio di:
  a) beni (ad esempio la concessionaria della suindicata casa automobilistica che vende sul mercato le autovetture prodotte dalla prima);

  oppure

  b) servizi (ad esempio l'autofficina che si occupa della manutenzione ordinaria e straordinaria delle autovetture vendute dalla concessionaria).

In altri termini, l'attività dell'imprenditore genera un incremento dell'utilità dei beni o servizi. Ad esempio, l'imprenditore attraverso la lavorazione delle materie prime realizza un prodotto (proseguendo nell'esempio, l'autovettura) che sarà immesso sul mercato facendo sì che quest'ultimo abbia un valore economico superiore a quello delle originarie materie che hanno contribuito alla sua creazione (sempre nell'esempio, i vari componenti dell'autovettura).

SEGRETO n. 2: l'attività d'impresa consiste nella produzione o nello scambio di beni o servizi, cioè nel generare un incremento dell'utilità dei beni o servizi.

La seconda caratteristica dell'impresa è che essa deve essere economica, cioè deve essere rivolta all'ottenimento di ricavi superiori ai costi in modo tale che se ne ricavi un profitto. Ciò non significa che un'impresa per essere tale debba sempre generare un utile.

Potrà, infatti, accadere che l'impresa, nonostante gli sforzi dell'imprenditore, non riesca a produrre utili e comunque rimanga un'impresa. Addirittura è impresa anche quella insolvente soggetta al fallimento: in ciò consiste il così detto rischio d'impresa. Quello che è veramente importante è che l'attività sia tendenzialmente, cioè potenzialmente, rivolta all'ottenimento di un lucro. Come si è già detto, però, per avviare un'attività d'impresa che dia i risultati economici sperati, occorre che i rischi a essa connaturati siano assunti consapevolmente.

SEGRETO n. 3: l'attività d'impresa è un'attività economica in quanto, deve tendenzialmente, cioè potenzialmente, essere in grado di generare ricavi superiori ai costi.

Il terzo elemento che caratterizza l'impresa è la professionalità. Ciò significa che l'impresa deve essere svolta in modo non occasionale, ma stabile e abituale. Il che non significa che non possa essere attività d'impresa quella stagionale (come ad esempio la gestione di un villaggio turistico marino aperto solamente durante la stagione estiva).

Quello che è caratteristico è che l'attività sia ripetuta secondo i cicli propri dello specifico oggetto dell'impresa (quindi, proseguendo nell'ultimo esempio, ogni estate). Allo stesso modo, il carattere della professionalità non comporta che debba essere l'unica attività svolta dall'imprenditore, il quale ben potrà svolgere allo stesso tempo, ad esempio, altre attività d'impresa. A tale proposito ci sono molti esempi d'imprenditori che hanno creato numerose imprese nei più svariati mercati.

SEGRETO n. 4: l'impresa deve essere esercitata professionalmente, cioè in modo stabile e abituale, anche se non continuativo oppure esclusivo.

Infine, l'impresa per essere tale deve comportare l'organizzazione dell'attività mediante la gestione dei tipici fattori della produzione e cioè lavoro e capitale. Il lavoro e il capitale sono risorse necessarie per l'attività d'impresa, anche se non sempre queste appartengono all'imprenditore, il quale potrà utilizzare risorse che possono anche appartenere ad altri soggetti.

Ad esempio, è frequente che lo stabilimento in cui è svolta l'attività d'impresa non sia di proprietà dell'imprenditore ma di una società specializzata che lo abbia concesso al primo in locazione finanziaria (così detto *leasing*). L'imprenditore, infatti, è tale quando organizza e utilizza beni quali ad esempio:

- gli impianti (cioè i macchinari, computer e quanto altro necessario per la realizzazione del prodotto o del servizio che è immesso sul mercato);
- le materie prime (cioè quelle risorse che una volta lavorate o rielaborate danno luogo a un nuovo bene o servizio che è immesso sul mercato);
- la sede (cioè lo stabilimento o l'ufficio ove viene svolta l'attività d'impresa oppure l'attività amministrativa strumentale all'attività d'impresa);
- l'attività lavorativa e professionale di lavoratori subordinati (cioè operai, impiegati, dirigenti) e consulenti esterni (professionisti, collaboratori a progetto ecc.).

SEGRETO n. 5: l'impresa comporta l'organizzazione dei fattori della produzione che sono riconducibili al lavoro (cioè le risorse umane o professionali) e al capitale (cioè, l'insieme di beni prodotti dall'uomo e utilizzati a loro volta nella produzione di altri beni).

Come si è detto, la società è uno degli strumenti che si possono utilizzare per l'esercizio dell'attività d'impresa. Infatti, accanto al modo più semplice costituito dall'esercizio individuale dell'attività d'impresa (la già citata ditta individuale), esistono i vari tipi societari mediante i quali si può esercitare l'attività d'impresa con forme via via più complesse partendo dalle società di persone per arrivare alle società di capitali.

Ma se la ditta individuale costituisce la forma più semplice d'impresa, perché dovremmo ricorrere a forme più complesse? In altre parole perché ricorriamo alle società per esercitare l'attività d'impresa? La risposta ce la fornisce il codice civile il quale definisce la società come il contratto con il quale due o più persone conferiscono beni o servizi per l'esercizio in comune di un'attività economica allo scopo di dividerne gli utili.

Quindi, innanzitutto, la società è un contratto, cioè un accordo con il quale due o più persone decidono di mettere insieme beni (ad esempio, denaro o immobili) o servizi (ad esempio, attività lavorativa o artistica) per svolgere insieme un'attività che dia loro degli utili da distribuire.

SEGRETO n. 6: una società è il contratto tra due o più

persone che conferiscono beni o servizi per l'esercizio in comune di un'attività economica allo scopo di dividerne gli utili.

Quindi, costituendo la società, i soci si danno le regole per svolgere un'attività organizzata che prenda spunto dalle partecipazioni di ciascuno di essi per raggiungere dei risultati profittevoli. In realtà, come si vedrà nelle successive parti di questo corso, anche se la società è di solito un contratto con almeno due soci, la legge consente che si possano costituire determinati tipi di società anche per decisione di un solo socio (società unipersonale).

In tale caso la società non avrà origine da un contratto, ma da un atto unilaterale. Quindi si sarà in presenza non di un accordo bilaterale (cioè stipulato tra due soggetti), o plurilaterale (cioè stipulato tra più di due soggetti) ma di un atto unilaterale (cioè proveniente dalla volontà di un unico soggetto), anche se ad esso si applicheranno tutte le norme sul contratto di società in quanto compatibili e nello specifico quel particolare beneficio costituito dall'autonomia patrimoniale.

SEGRETO n. 7: anche se normalmente la società si costituisce con un contratto con almeno due persone, è possibile costituirla anche con atto unilaterale, conservando l'autonomia patrimoniale.

L'autonomia patrimoniale è il beneficio riconosciuto alle società che consiste nel separare il patrimonio dei soci da quello della società. Infatti, non appena i soci, al momento della costituzione della società (con i conferimenti sottoscritti ed eseguiti) oppure anche in un momento successivo (ad esempio, in caso di aumento del capitale sociale) attribuiscono dei beni o servizi alla società, quest'ultima acquisisce un patrimonio separato e autonomo rispetto a quello dei soggetti che hanno partecipato alla sua costituzione.

In altre parole, la società consente ai soci di svolgere attività economica limitando o eliminando del tutto il rischio d'impresa. Tale beneficio non è però uguale per tutti i tipi societari. L'autonomia patrimoniale è maggiore via via che si passa dai modelli più semplici di società (società di persone ad autonomia patrimoniale così detta imperfetta) a quelli più complessi (società di capitali ad autonomia patrimoniale così detta perfetta).

SEGRETO n. 8: l'autonomia patrimoniale è il beneficio riconosciuto alle società e consiste nel separare il patrimonio dei soci dal patrimonio della società.

L'autonomia patrimoniale costituisce quindi un importante vantaggio. Infatti, l'imprenditore individuale risponderà dei debiti che ha assunto nell'esercizio della propria attività d'impresa, senza distinzione, sia con i beni personali che con i beni d'impresa. Quindi, ad esempio, nel caso di fallimento dell'imprenditore individuale, il curatore fallimentare (cioè colui che si occupa di gestire l'insolvenza nell'interesse dei creditori nominato dal tribunale con la sentenza che dichiara il fallimento) acquisirà tutti i beni presenti e futuri che si trovano o si troveranno nel patrimonio del debitore fallito per venderli e con il ricavato della vendita pagare i creditori.

In altre parole, l'imprenditore individuale (cioè l'imprenditore che non abbia costituito una società per lavorare, così detto ditta individuale) non perderà solo i beni aziendali ma anche i beni personali (ad esempio l'abitazione se di proprietà). Nel caso della società di persone, invece, questo rischio non è immediato: il socio potrà essere chiamato a rispondere dei debiti sociali solo quando la società non abbia beni sufficienti a pagarli. Comunque, al socio di una società di persone è esteso automaticamente il fallimento della società qualora sia un socio a responsabilità illimitata (e quindi la regola riguarda tutti i soci di una società semplice e di una società in nome collettivo e i soci accomandatari di una società in accomandita semplice).

Nell'ipotesi di società di capitali, invece il socio non potrà mai essere chiamato a rispondere dei debiti sociali, se non in un limitatissimo numero di casi che riguardano le società unipersonali.

SEGRETO n. 9: i soci nelle società di persone rispondono dei debiti sociali solo se i beni della società sono insufficienti, mentre nelle società di capitali non ne rispondono se non in limitatissimi casi.

Da quanto sopra illustrato, già dovrebbero essere chiari alcuni criteri che possono essere utili nel guidarci verso la scelta che meglio si adatta alle nostre esigenze.

È bene però approfondire. Occorre sapere che esiste una prima grande distinzione tra le diverse società, che si fonda sullo scopo che queste intendono perseguire: si tratta della distinzione tra società lucrative, società cooperative e società consortili.

Nelle **società lucrative** l'obiettivo che si prefiggono i soci è di ricavare un utile (cioè un lucro, da qui il nome) dallo svolgimento dell'attività sociale. Nelle **società cooperative**, invece, i soci perseguono uno scopo mutualistico in quanto l'impresa cooperativa mira a fornire innanzitutto agli stessi soci i beni (ad esempio, le cooperative edilizie) o servizi (ad esempio, le cooperative di lavoro) a condizioni migliori di quelle che sarebbero rinvenibili sul mercato.

Infine, le **società consortili** perseguono principalmente, anche se non esclusivamente, lo scopo di contenimento dei costi imprenditoriali e d'incremento dei profitti d'impresa a favore delle imprese che ne fanno parte. Tale scopo viene perseguito mediante il coordinamento della produzione o dello scambio dei beni e servizi oppure svolgendo determinate fasi delle attività in comune. Per lo scopo che si prefigge questo corso, ci occuperemo solamente delle società lucrative.

SEGRETO n. 10: le società lucrative perseguono l'obiettivo di ottenere un utile dall'attività d'impresa, le società cooperative perseguono uno scopo mutualistico e le società consortili svolgono determinate fasi delle imprese che ne fanno parte.

Le società lucrative possono distinguersi, a loro volta, in due grandi categorie alle quali si è già fatto cenno in precedenza:

- **le società di persone**, all'interno delle quali si trovano la società semplice (ss), la società in nome collettivo (snc) e la società in accomandita semplice (sas);
- **le società di capitali**, all'interno delle quali si trovano la società a responsabilità limitata (srl), la società per azioni (spa) e la società in accomandita per azioni (sapa).

Tutte le società sopra indicate, con la sola eccezione della società semplice, svolgono un'attività commerciale, cioè di produzione o di scambio di beni o servizi e sono dette, infatti, anche società commerciali e di queste ci occuperemo nei prossimi capitoli.

SEGRETO n. 11: le società possono essere di persone (società semplice, società in nome collettivo e società in accomandita semplice) o di capitali (società a responsabilità limitata società per azioni e società in accomandita per azioni) e, con la sola eccezione della società semplice, svolgono attività commerciale.

RIEPILOGO DEL CAPITOLO 1:

- SEGRETO n. 1: Una società è un modo di esercizio dell'attività d'impresa, cioè di un'attività economica professionalmente organizzata per produrre o scambiare beni o servizi.
- SEGRETO n. 2: L'impresa consiste nella produzione o nello scambio di beni o servizi, cioè nel generare un incremento dell'utilità dei beni o servizi.
- SEGRETO n. 3: L'attività d'impresa è un'attività economica in quanto, deve tendenzialmente, cioè potenzialmente, essere in grado di generare ricavi superiori ai costi.
- SEGRETO n. 4: L'impresa deve essere esercitata professionalmente, cioè in modo stabile e abituale, anche se non continuativo oppure esclusivo.
- SEGRETO n. 5: L'impresa comporta l'organizzazione dei fattori della produzione che sono riconducibili al lavoro (cioè le risorse umane o professionali) e al capitale (cioè, l'insieme di beni prodotti dall'uomo e utilizzati a loro volta nella produzione di altri beni).
- SEGRETO n. 6: Una società è il contratto tra due o più persone che conferiscono beni o servizi per l'esercizio in

comune di un'attività economica allo scopo di dividerne gli utili.

- SEGRETO n. 7: Anche se normalmente la società si costituisce con un contratto con almeno due persone, è possibile costituirla anche con atto unilaterale, conservando l'autonomia patrimoniale.
- SEGRETO n. 8: L'autonomia patrimoniale è il beneficio riconosciuto alle società e consiste nel separare il patrimonio dei soci dal patrimonio della società.
- SEGRETO n. 9: I soci nelle società di persone rispondono dei debiti sociali solo se i beni della società sono insufficienti, mentre nelle società di capitali non ne rispondono se non in limitatissimi casi.
- SEGRETO n. 10: Le società lucrative perseguono l'obiettivo di ottenere un utile dall'attività d'impresa, le società cooperative perseguono uno scopo mutualistico e le società consortili svolgono determinate fasi delle imprese che ne fanno parte.
- SEGRETO n. 11: Le società possono essere di persone (società semplice, società in nome collettivo e società in accomandita semplice) o di capitali (società a responsabilità

limitata società per azioni e società in accomandita per azioni e, con la sola eccezione della società semplice, svolgono attività commerciale.

CAPITOLO 2:
Come si sceglie quale società costituire

Come si sceglie tra i vari tipi di società commerciali che si sono indicate nel capitolo che precede, il modello che meglio si adatta alle nostre esigenze? Molteplici sono i fattori che subentrano nella decisione circa il tipo di società da scegliere e, in particolare:

- l'attività che intendiamo svolgere;
- il perimetro del rischio che vogliamo assumere;
- l'organizzazione di cui avrà bisogno l'impresa;
- le dimensioni dell'attività;
- l'assetto finanziario;
- i profili fiscali;
- il regime contabile.

Come vedremo nei successivi capitoli del corso, ciascuna tipologia societaria presenta differenze, a volte anche sostanziali, in uno o più dei fattori che si sono sopra indicati.

Quanto al primo di tali fattori, normalmente non vi sono limitazioni alla tipologia di attività che le società, di persone o di capitali, possono svolgere. Esiste l'eccezione della società semplice che, come detto, non può svolgere attività commerciale.

Esistono anche ulteriori eccezioni previste da specifiche leggi che impongono una specifica forma societaria per svolgere, ad esempio, l'attività bancaria o assicurativa (che debbono essere svolte nella forma di società per azioni o di società cooperativa per azioni a responsabilità limitata).

SEGRETO n. 12: i diversi tipi di società di persone, con l'esclusione della sola società semplice o di capitali, possono svolgere qualsiasi tipo di attività commerciale.

Il secondo dei fattori che si sono indicati è costituito dal rischio che i soci intendono assumere. Infatti, la scelta tra una società di persone e una società di capitali risiede (anche) nel grado di rischio d'impresa che i soci intendono assumere. Pertanto se i soci intendono rischiare unicamente il capitale conferito nella società, costituiranno una società di capitali.

Se, invece, non sono preoccupati di assumersi completamente il rischio d'impresa, costituiranno una società di persone che comporterà un coinvolgimento del loro patrimonio personale nelle vicende della società sino al caso estremo del fallimento che dalla società sarà esteso per legge anche ai singoli soci illimitatamente responsabili.

Ovviamente la scelta tra l'una o l'altra tipologia di società non è indifferente sotto un profilo dei costi, posto che le tipologie di società che garantiscono una limitazione del rischio al solo capitale conferito hanno, quale contraltare, maggiori oneri di costituzione e di organizzazione rispetto a quanto richiesto per le società di persone.

Ad esempio, nelle società di capitali sarà necessario, sia pure con alcune differenze tra società per azioni e società a responsabilità limitata, prevedere un organo amministrativo diverso dai soci, convocare periodicamente l'assemblea dei soci, nominare un organo di controllo ecc. In altri termini, la legge richiede che se vogliamo evitare di rischiare il patrimonio personale nell'attività societaria, questa scelta sia controbilanciata da una maggiore organizzazione (con previsione di un organo amministrativo e di un organo di controllo) e finanziarizzazione (con previsione di un capitale sociale minimo) della società a garanzia dei terzi nei confronti dei quali la società assumerà impegni.

SEGRETO n. 13: le società di capitali limitano il rischio che hanno assunto i soci al capitale da loro conferito, ma hanno costi maggiori, mentre le società di persone comportano costi minori a fronte di una responsabilità illimitata.

Il terzo fattore che influenza la scelta del tipo societario consiste nel grado di complessità che l'organizzazione dell'impresa necessita. Come osservato subito prima, le società di persone hanno un'organizzazione piuttosto semplice (i soci sono gli amministratori, non v'è l'obbligo di convocare l'assemblea ecc.) che consente di limitare i costi non solo di costituzione ma anche e soprattutto di gestione posto che la contabilità è sicuramente meno complessa di quella prevista per le società di capitali.

L'organizzazione tipica delle società di persone ben si adatta a gestire attività d'impresa a carattere familiare o comunque di dimensioni contenute.

SEGRETO n. 14: le società di persone hanno una struttura organizzativa semplificata che comporta costi ridotti e meno formalità e ben si adatta al carattere familiare o di dimensioni contenute.

Il quarto fattore determinante nella scelta del corretto tipo societario è rappresentato dalle dimensioni dell'attività. Infatti, se i soci originari ipotizzano che l'impresa possa svilupparsi al punto da richiedere capitali forniti anche da parte di ulteriori soggetti (nuovi soci, obbligazionisti, azionisti ecc.), potrà essere utile costituire una società di capitali la quale prevede, nella sua struttura, la suddivisione del capitale sociale in quote (come nelle società a responsabilità limitata) oppure in azioni (come nelle società per azioni), gestibili meglio in ipotesi di circolazione o di aumento del capitale.

Infatti, costituire una società di capitali agevola l'ingresso di terzi che intendono partecipare all'impresa con capitale di rischio (come i nuovi soci o i nuovi azionisti) o con capitale di credito (come gli obbligazionisti o anche le banche). Ovviamente, la presenza sul mercato dei capitali comporta che la società dovrà adottare un'organizzazione più complessa rispetto a quella vista per le società di persone che assicuri il giusto grado di professionalità nell'amministrazione e nel controllo e di trasparenza verso gli investitori e i finanziatori.

SEGRETO n. 15: se l'attività d'impresa è proiettata verso una prospettiva di sviluppo importante, sarà necessario che si costituisca una società di capitali che meglio garantisce sotto un profilo organizzativo e patrimoniale, coloro che vogliono investire nella società o finanziarla.

Altro fattore importante è l'assetto finanziario che si vuole realizzare. Mentre le società di persone si adattano meglio a realtà nelle quali i soci partecipano alla gestione operativa dell'attività imprenditoriale, le società di capitali, al contrario, si prestano a far partecipare anche coloro che hanno scopi di mero investimento (anche speculativo).

In altri termini, la società di persone sarà la scelta più opportuna laddove i soci investano non solo denari ma anche e soprattutto il proprio lavoro e le proprie professionalità nell'attività societaria. Invece, sarà opportuno costituire una società di capitali, se tutti o alcuni dei soci non intendano impegnarsi operativamente nell'attività societaria ma si limitino ad apportare i capitali necessari per l'avvio e il funzionamento.

SEGRETO n. 16: le società di persone sono pensate per i soci che vogliono partecipare operativamente all'attività d'impresa, mentre quelle di capitali sono pensate anche per chi ha intenti anche solo d'investimento.

Anche gli aspetti fiscali non sono da sottovalutare quando ci si trova a dover scegliere un tipo societario. Infatti, nelle società di persone il reddito da queste prodotte è attribuito ai soci in proporzione alle loro quote e secondo le aliquote progressive previste per l'Imposta per le persone fisiche (Irpef).

Invece, nelle società di capitali, il reddito prodotto è tassato in capo alla società con un'aliquota proporzionale dell'Imposta sul reddito delle società (Ires) che oggi è pari al 27,50%.

Quindi la scelta tra l'una e l'altra tipologia dipenderà dagli importi dei redditi attesi provenienti dall'attività societaria. Pertanto, in via generale, si può dire che elevati guadagni consigliano la scelta di una società di capitali, la quale consente una tassazione più conveniente.

SEGRETO n. 17: il regime fiscale delle società di persone è giustificato per volumi di affari contenuti, mentre la tassazione delle società di capitali è conveniente per redditi elevati.

Infine, occorre tenere in conto anche della disciplina contabile. Per le società di persone che non superano determinate soglie di ricavi, attualmente pari a 400.000 euro nel caso in cui l'attività svolta riguardi la prestazione di servizi e 700.000 euro per tutte le altre attività:

- vi è l'obbligo di tenere solo alcuni dei libri contabili;
- non devono redigere il bilancio;
- operano con il criterio di cassa (cioè la società è tenuta a registrare solo ciò che effettivamente incassa o spende: cioè quello che "entra" o "esce" dalla cassa).

Le società di capitali invece hanno oneri contabili maggiori in quanto sono obbligate alla redazione del bilancio e alla tenuta di tutti i libri contabili e operano con il criterio di competenza (cioè la società è tenuta a registrare le operazioni attive o passive quando si verificano indipendentemente da quanto vi è il movimento finanziario).

Per le società di capitali, questi obblighi contabili comportano, com'è evidente, maggiore organizzazione e maggiori costi.

SEGRETO n. 18: il regime contabile delle società di persone che non superano le soglie previste dalla legge è quello, così detto semplificato che evita la redazione del bilancio e la tenuta di alcuni libri contabili che invece sono obbligatori per le società di capitali.

RIEPILOGO DEL CAPITOLO 2:

- SEGRETO n. 12: I diversi tipi di società di persone, con l'esclusione della sola società semplice o di capitali, possono svolgere qualsiasi tipo di attività commerciale.
- SEGRETO n. 13: Le società di capitali limitano il rischio che hanno assunto i soci al capitale da loro conferito, ma hanno costi maggiori, mentre le società di persone comportano costi minori a fronte di una responsabilità illimitata.
- SEGRETO n. 14: Le società di persone hanno una struttura organizzativa semplificata che comporta costi ridotti e meno formalità e ben si adatta a contesti familiari.
- SEGRETO n. 15: Se l'attività d'impresa è proiettata verso una prospettiva di sviluppo importante, sarà necessario che si scelga un tipo, all'interno delle società di capitali che garantiscono sotto un profilo organizzativo e patrimoniale coloro che vogliono investire nella società o finanziarla.
- SEGRETO n. 16: Le società di persone sono pensate per i soci che vogliono partecipare operativamente all'attività d'impresa, mentre quelle di capitali sono pensate anche per chi ha intenti anche solo d'investimento.

- SEGRETO n. 17: Il regime fiscale delle società di persone è giustificato per volumi di affari contenuti, mentre la tassazione delle società di capitali è conveniente per redditi elevati.
- SEGRETO n. 18: Il regime contabile delle società di persone che non superano le soglie previste dalla legge è quello così detto semplificato che evita la redazione del bilancio e la tenuta di alcuni libri contabili.

CAPITOLO 3:
Come si costituisce una società di persone

Come abbiamo già evidenziato, le società di persone sono suddivise in tre tipologie: la società semplice, la società in nome collettivo e la società in accomandita semplice. Poiché la società semplice non può svolgere attività d'impresa commerciale, illustreremo qui di seguito unicamente le modalità di costituzione della società in nome collettivo e della società in accomandita semplice.

Partendo dalla società in nome collettivo (snc), essa, come tutte le società, si costituisce mediante la stipula di un contratto che è in realtà composto di due parti: l'atto costitutivo e lo statuto. L'atto costitutivo è l'accordo con il quale i soci decidono di dare vita alla società, mentre lo statuto è l'insieme delle regole che i soci si danno per il funzionamento della società. Nella pratica, lo statuto costituisce un allegato dell'atto costitutivo sicché i due documenti finiscono per coincidere ed è il motivo per il quale qui di seguito utilizzeremo il termine "atto costitutivo" anche per indicare lo "statuto".

SEGRETO n. 19: la società in nome collettivo (snc), come tutte le società, si costituisce mediante la stipula di un contratto composto di atto costitutivo e statuto.

Nell'atto costitutivo debbono essere presenti i seguenti requisiti indispensabili:

- almeno due soci che abbiano la capacità d'agire;
- un oggetto sociale;
- un capitale sociale;
- i conferimenti;
- la ragione sociale;
- la sede;
- la partecipazione ai risultati della gestione;
- la durata.

Analizzando separatamente ciascuno dei requisiti, il primo è costituito dalla pluralità dei soci. Per costituire la società in nome collettivo servono almeno due soci.

Questi soci sono normalmente delle persone fisiche che debbono essere dotate della capacità di agire. La capacità d'agire, che normalmente si acquista con il compimento della maggiore età, è definita come l'idoneità di una persona fisica ad assumere obblighi (per esempio, stipulare un contratto di finanziamento con obbligo di rimborso) e a esercitare diritti (per esempio, agire in giudizio per il recupero di un credito).

Poiché i soci della società in nome collettivo sono potenzialmente degli amministratori e comunque rispondono illimitatamente degli obblighi della società, ecco spiegato perché costoro debbono possedere la capacità d'impegnarsi e di agire giuridicamente e non possono (se non in rarissime eccezioni) quindi essere dei minorenni.

Attenzione, però, perché, per le medesime ragioni, non possono essere soci coloro che, per il lavoro o la professione svolta, non possono svolgere, per divieto di legge, attività commerciale come ad esempio i dipendenti pubblici, i professionisti dotati di albo quali i dottori commercialisti, i notai o gli avvocati.

Inoltre non possono divenire soci coloro che sono stati dichiarati falliti o abbiano subito una condanna per reati fallimentari o siano stati dichiarati interdetti legali a seguito di una condanna penale di almeno cinque anni. Infine possono essere soci di una società in nome collettivo anche altre società (anche di capitali, sia pure in presenza di alcune condizioni) o enti anche non riconosciuti.

SEGRETO n. 20: possono divenire soci di una società in nome collettivo sia le persone fisiche, che abbiano la capacità d'agire, sia le persone giuridiche o gli enti anche non riconosciuti.

Il secondo dei requisiti che deve essere presente nell'atto costitutivo è l'oggetto sociale, cioè l'indicazione della specifica e concreta attività che i soci intendono svolgere mediante la società. Esso ha natura commerciale. È di fondamentale importanza che non sia troppo ampio da risultare generico ma neppure troppo specifico da risultare troppo limitato.

Una giusta attenzione all'oggetto sociale eviterà che i soci, in futuro, siano costretti a ricorrere a modifiche dell'atto costitutivo per adattarlo alle esigenze delle quali inizialmente non si era tenuto conto. Per tale ragione è consuetudine dei soci indicare nell'oggetto sociale in ultimo una previsione che consenta di compiere attività accessorie o strumentali rispetto a quelle tipiche della società come nel seguente esempio: «la società potrà inoltre, in via secondaria e non prevalente: compiere tutte le operazioni commerciali, industriali e finanziarie, mobiliari e immobiliari che saranno ritenute necessarie o utili per l'attuazione dell'oggetto sociale. Per il conseguimento del fine sociale la società potrà compiere tutte le operazioni sociali, finanziarie, mobiliari e immobiliari che saranno ritenute necessarie e utili dai soci».

SEGRETO n. 20: nell'atto costitutivo occorre prestare particolare attenzione all'oggetto sociale affinché non sia troppo essenziale e quindi limitativo, né troppo ampio da risultare generico.

Nell'atto costitutivo deve essere indicato il capitale sociale, anche se la legge non ne impone uno minimo come per le società di capitali. Il capitale costituisce la prima forma di finanziamento di una società. Esso è costituito dagli apporti, in denaro (è la tipologia di conferimento maggiormente diffusa) o in natura (ad esempio, conferimento di prestazione lavorativa o di un brevetto o di un credito) dei soci al momento della costituzione.

Tali apporti, che possono essere in misura diversa per ciascun socio, sono denominati *conferimenti* e costituiscono un altro elemento indispensabile dell'atto costitutivo ove sarà anche specificata la loro misura per ciascun socio. In ogni caso è bene che il capitale sociale (e quindi l'insieme dei conferimenti effettuati dai soci) sia d'importo adeguato in relazione all'oggetto sociale che si intende realizzare.

Un capitale sociale troppo esiguo potrebbe anche limitare la società nei rapporti con i terzi che non si vedrebbero sufficientemente garantiti. Se, infatti, gli stessi soci non investono le proprie risorse finanziarie in un capitale adeguato, perché dovrebbero fare credito alla società i terzi, *in primis* le banche o i fornitori?

SEGRETO n. 21: il capitale sociale è costituito dai contributi di tutti i soci, chiamati conferimenti, che possono essere in denaro o in natura e costituisce la prima forma di

finanziamento di una società e di garanzia dei terzi nei confronti dei quali la società assume impegni.

Nell'atto costitutivo deve essere anche indicato il "nome" della società, cioè la sua ragione sociale. La ragione sociale è il primo dei così detto segni distintivi dell'impresa in quanto, è il primo modo attraverso il quale la società viene identificata sul mercato.

Nella ragione sociale di una società in nome collettivo deve essere indicato il nome (in realtà è sufficiente il cognome) di almeno un socio e la tipologia di società anche in forma abbreviata (snc): è molto frequente trovare inserite espressioni quali Rossi & Co., Rossi e soci ecc. La ragione sociale, proprio per il suo carattere distintivo, è oggetto di tutela da parte del diritto come accade per gli altri tipici segni distintivi dell'impresa (la ditta, il marchio, l'insegna, ecc.).

SEGRETO n. 22: nella ragione sociale di una società in nome collettivo deve essere indicato il nome di almeno un socio e la tipologia di società anche in forma abbreviata.

Altro requisito che occorre indicare al momento della costituzione è la sede (detta legale) nonché le eventuali sedi secondarie, se ve ne sono. Oltre che nella sede legale, la società però può svolgere la propria attività in altra sede che viene solitamente denominata "effettiva" o "operativa".

Ciò accade, ad esempio, quando i soci decidono d'individuare la sede legale presso lo studio del consulente commercialista che segue la contabilità della società, mentre svolgono l'attività in un altro luogo. La sede legale andrà sempre comunicata all'esterno, ad esempio nella corrispondenza e ogni sua variazione dovrà essere comunicata al registro delle imprese (cioè quel registro accessibile a tutti e tenuto dalla locale Camera di Commercio dove sono annotate tutte le imprese con tutte le informazioni più importanti che le riguardano).

SEGRETO n. 23: nell'atto costitutivo occorre indicare la sede legale (che può differire dalla sede effettiva o operativa) nonché le eventuali sedi secondarie.

Infine, nell'atto costitutivo è indicata la durata della società. Si discute che cosa accada se nell'atto costitutivo, la durata manchi. Vi è chi ritiene che la società operi ugualmente sia pure a tempo indeterminato, mentre altri ritengono che la società non potrebbe essere iscritta nel registro delle imprese. Pertanto è sempre opportuno ricordarsi d'indicarla nell'atto costitutivo.

Essa può essere determinata con riferimento ad una certa data (per esempio: «la società avrà durata sino al 31 dicembre 2050») oppure con riferimento al decorso di un certo periodo (ad esempio: «la società avrà una durata di anni cinquanta») che, in tale ultimo caso, decorrerà dalla data d'iscrizione della società in nome collettivo nel registro delle imprese.

SEGRETO n. 24: nell'atto costitutivo è sempre opportuno indicare la durata della società, con riferimento ad una certa data oppure con riferimento al decorso di un certo periodo.

Oltre a tali elementi di solito considerati indispensabili, l'atto costitutivo deve prevedere:

- le modalità con le quali si amministra la società e si attribuisce la rappresentanza della stessa di fronte ai terzi;

- le modalità con le quali i soci hanno deciso di suddividere tra loro i risultati positivi (chiamati utili) o negativi (chiamate perdite) della gestione della società, tenendo comunque presente che la legge vieta però il così detto patto leonino, cioè la previsione nell'atto costitutivo di un patto con cui uno o più soci siano esclusi dalla partecipazione agli utili o alle perdite della società.

In assenza, però, di previsioni espresse da parte dei soci, la legge interviene con dei criteri sostitutivi (chiamati, appunto, legali):

- l'amministrazione sarà affidata disgiuntamente a ciascuno dei soci, come a ciascuno socio che amministra spetterà la rappresentanza della società;
- proporzionalità della partecipazione agli utili o alle perdite ai conferimenti effettuati, i quali si presumono di egual valore se nulla si dice di diverso nell'atto costitutivo.

Regole diverse esistono per il socio d'opera, la cui partecipazione se non specificata nell'atto costitutivo e i soci non trovano un'intesa sul punto, sarà quantificata dal giudice.

SEGRETO n. 25: se l'atto costitutivo non prevede regole per l'amministrazione, la rappresentanza e partecipazione agli utili e alle perdite, la legge interviene con propri criteri.

Dopo aver indicato i contenuti dell'atto costitutivo, occorre spiegare come avviene in pratica la costituzione. L'atto costitutivo e lo statuto della società in nome collettivo (e in genere delle società di persone) debbono essere redatti per atto pubblico o per scrittura privata autenticata. Quindi, è sempre necessario l'intervento di un notaio che si occupi di redigere il tutto per intero (atto pubblico) o si limiti ad autenticare le firme dei soci in calce ai documenti (scrittura privata autenticata).

Una volta completato l'atto costitutivo e lo statuto, occorre che essi siano iscritti nel registro delle imprese, di solito, ad opera del notaio.

Dal momento in cui è iscritta nel registro delle imprese, la società opera validamente.

SEGRETO n. 26: l'atto costitutivo e lo statuto richiedono

l'intervento di un notaio e, successivamente, debbono essere iscritti nel registro delle imprese affinché la società possa validamente operare.

Con riferimento invece alla società in accomandita semplice, ad essa si ricorre quando non tutti i soci si occupano della gestione dell'impresa.

Infatti, essa si caratterizza per la presenza di due categorie di soci:

- i soci accomandatari che amministrano e gestiscono in via esclusiva la società e per tale motivo hanno la responsabilità illimitata e solidale per l'adempimento delle obbligazioni che hanno assunto per conto della società;
- i soci accomandanti invece rispondono delle obbligazioni della società solo nella misura della quota conferita a patto che non pongano in essere atti di gestione.

Quindi la differenza essenziale tra società in nome collettivo e società in accomandita semplice è costituito dalla presenza, nella seconda, di soci che non rispondono in modo illimitato e solidale delle obbligazioni assunte dalla società e questo in quanto a loro non spetta l'amministrazione e la gestione della società.

Infatti, laddove questi soci (chiamati, come abbiamo visto, accomandanti) si dovessero ingerire nell'amministrazione e nella gestione della società, diventerebbero per tale ragione soci illimitatamente responsabili.

La questione non è di poca importanza in quanto, come già ricordato nei capitoli che precedono, la responsabilità illimitata ha quale grave conseguenza che, in caso di fallimento della società, anche detti soci falliscono in proprio.

SEGRETO n. 27: la società in accomandita semplice (sas), si caratterizza perché ha due categorie di soci, quelli accomandatari che gestiscono e rispondono illimitatamente delle obbligazioni sociali e quelli accomandanti che rispondono solo nei limiti di quanto conferito.

Anche per la società in accomandita semplice (sas) è necessario che gli aspiranti soci stipulino un contratto sociale con il quale stabiliscano anche le regole di funzionamento (atto costitutivo e allegato statuto) così come si è visto per la società in nome collettivo.

Nell'atto costitutivo debbono essere presenti i medesimi seguenti requisiti indispensabili già indicati per la società in nome collettivo. Le uniche differenze riguardano essenzialmente la ragione sociale, la quale, oltre a dover contenere l'indicazione che si tratti di una società in accomandita semplice deve contenere il nome di almeno un socio accomandatario.

Per il resto vale quanto indicato a proposito della società in nome collettivo.

SEGRETO n. 28: la costituzione della società in accomandita semplice avviene praticamente in modo identico a quanto già indicato per la società in nome collettivo.

RIEPILOGO DEL CAPITOLO 3:

- SEGRETO n. 19: La società in nome collettivo (snc), come tutte le società, si costituisce mediante la stipula di un contratto chiamato atto costitutivo.
- SEGRETO n. 20: Nell'atto costitutivo occorre prestare particolare attenzione all'oggetto sociale affinché non sia troppo essenziale e quindi limitativo, né troppo ampio da risultare generico.
- SEGRETO n. 21: Il capitale sociale è costituito dai contributi iniziali di tutti i soci che possono essere in denaro o in natura e costituisce la prima forma di finanziamento di una società.
- SEGRETO n. 22: Nella ragione sociale di una società in nome collettivo deve essere indicato il nome di almeno un socio e la tipologia di società anche in forma abbreviata.
- SEGRETO n. 23: Nell'atto costitutivo occorre indicare la sede legale (che può differire dalla sede effettiva o operativa) nonché le eventuali sedi secondarie, se ve ne sono.
- SEGRETO n. 24: Nell'atto costitutivo è sempre opportuno indicare la durata della società, con riferimento ad una certa data oppure al decorso di un certo periodo.
- SEGRETO n. 25: Se l'atto costitutivo non prevede regole per

l'amministrazione, la rappresentanza e partecipazione agli utili e alle perdite, la legge interviene con propri criteri.

- SEGRETO n. 26: L'atto costitutivo e lo statuto richiedono l'intervento di un notaio e, successivamente, debbono essere iscritti nel registro delle imprese affinché la società possa validamente operare.
- SEGRETO n. 27: La società in accomandita semplice (sas), si caratterizza perché ha due categorie di soci, quelli accomandatari che gestiscono e rispondono illimitatamente delle obbligazioni sociali e quelli accomandanti che rispondono solo nei limiti di quanto conferito.
- SEGRETO n. 28: La costituzione della società in accomandita semplice avviene praticamente in modo identico a quanto già indicato per la società in nome collettivo.

CAPITOLO 4:
Come si costituisce una società a responsabilità limitata

Come si è già evidenziato, le società di capitali sono suddivise in tre tipologie: la società a responsabilità limitata, la società per azioni e la società in accomandita per azioni. Nel corso di questo e del prossimo capitolo si descriverà la costituzione delle prime due tipologie, in quanto la società in accomandita per azioni è di scarsa utilità come testimonia l'insignificante diffusione nella pratica, trattandosi sostanzialmente di una società per azioni ove vi sono (anche) dei soci a responsabilità illimitata (chiamati soci accomandatari).

È bene ricordare che le società di capitali si caratterizzano per il fatto che i soci, normalmente, non rispondono delle obbligazioni assunte dalla società. Per quanto riguarda la costituzione anche le società di capitali, e quindi le società a responsabilità limitata, si costituiscono per contratto quando vi siano almeno due soci che intendono dare vita al nuovo soggetto giuridico. Con riferimento alle sole società a responsabilità limitata e società per azioni è, però, possibile la costituzione anche ad opera di un solo socio per atto unilaterale (proprio perché frutto della volontà di un unico soggetto).

Occorre però ricordare che, in questo caso, in caso d'insolvenza della società (ad esempio, in caso di fallimento), per i debiti della società risponde illimitatamente l'unico socio se non abbia eseguito i conferimenti dovuti o se la circostanza di essere unico socio non sia stata comunicata al registro delle imprese.

SEGRETO n. 29: le società di capitali, oltre a costituirsi per contratto, quando ci siano almeno due soci, si possono costituire per atto unilaterale da parte di un unico socio.

Per la costituzione di tali società è richiesto l'intervento di un notaio che deve redigere l'atto costitutivo mediante un atto pubblico che dovrà essere poi iscritto nel registro delle imprese per dare effetto alla nascita della società.

Con riferimento specifico alla società a responsabilità limitata (srl), essa costituisce un modello piuttosto semplice che ben si adatta a garantire un buon compromesso tra esigenze di limitazione del rischio e di semplicità ed economicità della struttura organizzativa (che, ad esempio, non richiede normalmente la nomina dei sindaci).

Infatti, la legge consente ai soci di decidere quasi tutte le regole di gestione della società, avendo limitato al minimo indispensabile le norme inderogabili (che cioè non possono essere variate dai soci).

Quindi, questo modello si presta per tutte quelle attività non particolarmente complesse nelle quali i soci continuano a svolgere, come nelle società di persone, un ruolo attivo non solo nell'amministrazione ma anche nell'esecuzione delle attività stesse.

SEGRETO n. 30: il modello della società a responsabilità limitata garantisce un buon compromesso tra esigenze di limitazione del rischio con quelle di semplicità ed economicità

della struttura organizzativa.

Anche per le società di capitali sono necessari dei requisiti per la costituzione.

Per quanto riguarda la società a responsabilità limitata, tali requisiti sono:

- il socio o i soci;
- un oggetto sociale;
- un capitale sociale;
- i conferimenti;
- la ragione sociale;
- la sede;
- le partecipazioni sociali;
- gli organi.

Con riferimento ai soci, a differenza di quanto visto per le società di persone, le persone fisiche possono essere anche incapaci d'agire (come nel caso del minore d'età e dell'interdetto) in quanto, la qualità di socio non comporta automaticamente l'amministrazione e la gestione della società che avviene ad opera di specifici organi. Possono poi essere soci anche altre società o enti. Con il decreto Monti di fine 2011, è stata anche introdotta la nuova società a responsabilità limitata semplificata che deve essere costituita da soci che abbiano un'età inferiore ai 35 anni, al fine di beneficiare delle agevolazioni che sono indicate di seguito in questo capitolo.

Successivamente con il decreto Sviluppo del giugno 2012, tale possibilità è stata estesa anche ai soci con 35 o più anni di età che possono costituite la così detta società a responsabilità limitata a capitale ridotto.

SEGRETO n. 31: è possibile costituire la società a responsabilità limitata semplificata con soci di età inferiore ai 35 anni o a capitale ridotto con soci di età pari o superiore a 35 anni le quali godono di alcune agevolazioni.

Per l'oggetto sociale, vale quando già osservato al capitolo precedente. Quanto al capitale sociale, per il quale vale quanto detto al capitolo precedente, è necessario che sia conferito e sottoscritto dai soci per almeno 10.000 euro.

Ciò non toglie che i soci possano decidere d'indicare nell'atto costitutivo un capitale sociale d'importo superiore. Infatti, come già osservato in precedenza, pur non esistendo un obbligo di legge a dotare la società del capitale sociale necessario alla realizzazione dell'oggetto sociale, potrebbe però essere opportuno comunque prevedere un capitale sociale superiore al minimo di legge in tutti quei casi che si rendano necessari per la tipologia o l'ampiezza delle attività dell'oggetto sociale.

Ad esempio, se i soci decidono di costituire una società a responsabilità limitata per la partecipazione ad appalti pubblici, potrà essere necessario per vedersi aggiudicati i lavori o i servizi messi a gara oppure per ottenere linee di credito dalla banca un capitale ben superiore a 10.000 euro.

Peraltro è sempre possibile aumentare il capitale sociale nel corso della vita della società. Come già visto, una novità introdotta dal così detto decreto Monti è quella della società semplificata a responsabilità limitata che può essere costituita anche con un euro di capitale sociale a condizione che la società sia aperta esclusivamente a soci persone fisiche con età inferiore ai 35 anni.

Si tratta di un'importantissima novità volta ad agevolare la giovane imprenditoria consentendo, infatti, di avviare una società a responsabilità limitata con condizioni sostanzialmente previste per le società di persone e quindi con costi di costituzione e gestione decisamente inferiori a quelli normalmente richiesti per tale tipologia di società.

Peraltro, successivamente con il decreto Sviluppo del giugno 2012, questa possibilità è stata estesa anche alla società a responsabilità limitata a capitale ridotto che è aperta a soci con età pari o superiore ai 35 anni.

SEGRETO n. 32: per le società a responsabilità limitata occorre un capitale sociale di almeno 10.000 euro pur potendo essere opportuno a volte prevedere un importo superiore, mentre per quella semplificata o per quella a capitale ridotto è sufficiente un capitale sociale di un euro.

Per attuare l'obbligo di legge del capitale sociale, i soci debbono conferire alla società un attivo che normalmente è rappresentato dal denaro.

Il conferimento in denaro è obbligatorio per la società a responsabilità limitata semplificata e per la società a responsabilità limitata a capitale ridotto. Nella società a responsabilità limitata ordinaria, è però possibile che i soci stabiliscano nell'atto costitutivo che si possano conferire, oltre al denaro, anche beni in natura (ad esempio, un immobile, oppure un brevetto) o crediti; prestazioni d'opera o di servizi a favore della società (ad esempio, un socio conferisce la propria capacità artistica o il proprio lavoro).

Quello che è obbligatorio è che il totale del valore dei conferimenti sia almeno uguale al capitale sociale indicato. Mentre per i conferimenti in denaro non vi è ovviamente necessità, per le altre tipologie di conferimenti è necessario, invece, che sia predisposta una relazione di stima del conferimento eseguita da un esperto o da una società di revisione che rispondono in caso di danni causati da stime errate.

SEGRETO n. 33: il capitale sociale indicato deve essere almeno uguale al valore complessivo dei conferimenti in denaro o in natura eseguiti.

Pertanto, se un socio intende conferire un immobile, dovrà far redigere una perizia di stima del suo valore che dovrà essere allegata all'atto costitutivo.

Quanto alla ragione sociale, è necessario che, oltre al vero e proprio nome della società, vi sia l'indicazione che si tratta di società a responsabilità limitata.

Per la sede legale, a proposito della cui nozione si rimanda a quanto illustrato nel capitolo precedente, è sufficiente indicare il comune ove essa è ubicata non essendo più necessario che nell'atto costitutivo e nello statuto sia indicato anche l'indirizzo che quindi potrà essere variato senza sia necessaria una modificazione dell'atto costitutivo ma essendo sufficiente solo una comunicazione al registro delle imprese.

SEGRETO n. 34: nella ragione sociale deve essere contenuta l'indicazione che si tratta di società a responsabilità limitata e la sede legale è sufficiente che sia indicata con il riferimento al solo comune ove è sita.

La caratteristica della società a responsabilità limitata è che il capitale sociale è diviso in tante quote di partecipazione quanto sono i soci. Ciascuna quota ricomprende un insieme di:

- diritti (ad esempio, di voto, di opzione e prelazione sulle quote);
- obblighi (ad esempio, di esecuzione dei conferimenti sottoscritti);
- poteri (ad esempio, di richiedere a certe condizioni che le decisioni dei soci siano adottate mediante delibera dell'assemblea);
- facoltà (ad esempio, di farsi rappresentare in assemblea), che spettano al suo titolare.

Peraltro la divisione in quote del capitale sociale è proporzionale ai conferimenti dei soci ai quali le singole quote sono intestate. Però i soci possono derogare a tale regola e prevedere nell'atto costitutivo un criterio non proporzionale. Tale opportunità potrà essere utilizzata dai soci per assegnare a uno di loro un "peso" nella società maggiore di quello che gli spetterebbe secondo un criterio rigidamente proporzionale in forza delle sue peculiarità personali (ad esempio, l'esperienza o la conoscenza in un determinato mercato).

SEGRETO n. 35: il capitale sociale della società a responsabilità limitata è suddiviso in tante quote quanti sono i soci, di solito, proporzionalmente ai conferimenti di ciascuno.

Un ulteriore elemento necessario che deve essere presente nell'atto costitutivo e nello statuto di tutte le società di capitali e quindi anche della società a responsabilità limitata è costituito dall'individuazione dei vari organi ai quali sono attribuite specifiche funzioni cruciali per il funzionamento della società.

Innanzitutto è necessario prevedere l'organo che si occupi dell'amministrazione e gestione della società. Tale organo può essere costituito anche da soggetti non soci e viene nominato, per la prima volta, nell'atto costitutivo e, successivamente, dai soci. Questo organo può funzionare in molteplici modalità che solitamente sono previste nello statuto e decise dai soci al momento della sua nomina:

- può essere previsto un amministratore unico;
- può essere previsto un consiglio di amministrazione, composto

quindi da più amministratori, di solito in numero dispari per facilitarne le decisioni, che può operare in via congiunta (per gli atti di amministrazione è necessario l'intervento di tutti i componenti del consiglio) oppure in via disgiunta (in tale caso ciascuno amministratore potrà compiere atti di gestione, di solito con modalità stabilite dal consiglio stesso).

L'ulteriore organo è quello che si occupa del controllo sia contabile sia della gestione. La nomina di tale organo è obbligatoria per le società a responsabilità limitata solamente quando:

- il capitale sociale è uguale o maggiore di 120.000 euro;
- per due esercizi consecutivi sono superati almeno due dei seguenti limiti dimensionali: attivo patrimoniale almeno pari a 4.4000.000 euro; ricavi delle vendite e delle prestazioni almeno pari a 8.800.000 euro, numero medio dei dipendenti occupati durante l'esercizio almeno pari a 50 unità.
- la società è obbligata a redigere il bilancio consolidato, cioè il bilancio di un gruppo di società;
- la società controlla società obbligate alla revisione legale.

Negli altri è facoltativo e quindi può essere previsto dallo statuto. Anche tale organo può funzionare in molteplici modalità che sono previste nello statuto e decise dai soci al momento della sua nomina:

- un unico sindaco;
- un collegio sindacale, solitamente composto da almeno tre membri;
- un revisore contabile in luogo del sindaco o del collegio sindacale.

SEGRETO n. 36: nello statuto delle società a responsabilità limitata deve essere previsto l'organo amministrativo con le sue regole di funzionamento, mentre, per le società di ridotte dimensioni, è solo facoltativo prevedere il collegio sindacale o il revisore.

Una volta individuati gli elementi indispensabili per la costituzione della società a responsabilità limitata, occorre descrivere la procedura. Come detto, la società a responsabilità limitata si costituisce per atto pubblico redatto dal notaio, che predisporrà l'atto costitutivo con allegato lo statuto.

In sede di costituzione i soci:

- debbono sottoscrivere l'intero capitale sociale (cioè debbono impegnarsi ad eseguire i conferimenti);
- debbono versare in banca almeno il 25% del valore dei conferimenti in denaro, consegnando al notaio la contabile bancaria che attesti l'avvenuto versamento;
- debbono eseguire per intero i conferimenti diversi dal denaro.

È bene sottolineare che in caso di società unipersonale, anche i conferimenti in denaro debbono essere eseguiti interamente, altrimenti, come indicato in apertura di capitolo, il socio può essere chiamato a pagare i debiti della società.

Costituita la società, il notaio provvederà alla sua iscrizione presso il registro delle imprese. Con l'iscrizione:

- la società acquista la personalità giuridica che comporta l'autonomia patrimoniale perfetta rispetto al patrimonio dei soci;
- gli amministratori possono ritirare i conferimenti in denaro versati in banca.

Quindi la società è pronta a lavorare!

SEGRETO n. 37: la società a responsabilità limitata acquista la personalità giuridica a seguito dell'iscrizione nel registro delle imprese.

RIEPILOGO DEL CAPITOLO 4:

- SEGRETO n. 29: Le società di capitali, oltre a costituirsi per contratto, quando ci siano almeno due soci, si possono costituire per atto unilaterale da parte di un unico socio.
- SEGRETO n. 30: Il modello della società a responsabilità limitata garantisce un buon compromesso tra esigenze di limitazione del rischio con quelle di semplicità ed economicità della struttura organizzativa.
- SEGRETO n. 31: È possibile costituire la società a responsabilità limitata semplificata con soci di età inferiore ai 35 anni o a capitale ridotto con soci di età pari o superiore a 35 anni le quali godono di alcune agevolazioni.
- SEGRETO n. 32: Per le società a responsabilità limitata occorre un capitale sociale di almeno 10.000 euro, pur potendo essere opportuno a volte prevedere un importo superiore, mentre per quella semplificata o per quella a capitale ridotto è sufficiente un capitale sociale di un euro.
- SEGRETO n. 33: Il capitale sociale indicato deve essere almeno uguale al valore complessivo dei conferimenti in denaro o in natura eseguiti.
- SEGRETO n. 34: Nella ragione sociale deve essere contenuta

l'indicazione che si tratta di società a responsabilità limitata e la sede legale è sufficiente che sia indicata con il riferimento al solo comune ove è sita.

- SEGRETO n. 35: Il capitale sociale della società a responsabilità limitata è suddiviso in tante quote quanti sono i soci, di solito, proporzionalmente ai conferimenti di ciascuno.
- SEGRETO n. 36: Nello statuto delle società a responsabilità limitata deve essere previsto l'organo amministrativo con le sue regole di funzionamento, mentre, per le società di ridotte dimensioni, è solo facoltativo prevedere il collegio sindacale.
- SEGRETO n. 37: La società a responsabilità limitata acquista la personalità giuridica a seguito dell'iscrizione nel registro delle imprese.

CAPITOLO 5:

Come si costituisce una società per azioni

La società per azioni (spa) costituisce un modello societario piuttosto complesso che richiede un'organizzazione e, conseguentemente, costi piuttosto sostenuti che costituiscono il "prezzo" del vantaggio della limitata responsabilità per i soci che, al più, potranno perdere il valore dei conferimenti eseguiti ma non essere coinvolti nei debiti della società.

È quindi un tipo societario che normalmente viene scelto dai soci quando questa complessità sia giustificata dall'attività che deve essere svolta o dalla necessità di ricorrere al mercato del capitale di rischio (come nel caso di quotazione sui mercati borsistici).

SEGRETO n. 38: la società per azioni costituisce un modello societario complesso il quale richiede un'organizzazione e, conseguentemente, costi piuttosto sostenuti che costituiscono il "prezzo" del vantaggio della limitazione del rischio d'impresa.

Tale tipo di società è caratterizzata dall'emissione di azioni che rappresentano una porzione fissa del capitale sociale e che quindi non variano al variare del numero dei soci (chiamati anche azionisti).

Inoltre, la complessità di cui si è detto sopra comporta che sia assai frequente che i soci, accanto all'atto costitutivo e allo statuto, stipulino degli ulteriori accordi che li vincolino tra di loro mediante i così detti patti parasociali o sindacati, per disciplinare, ad esempio, come votare alcune delibere dell'assemblea (così detti sindacati di voto), come e a chi cedere le azioni (così detti sindacati di blocco) ecc.

SEGRETO n. 39: è assai frequente che i soci di una società per azioni sottoscrivano dei patti parasociali per disciplinare i reciproci rapporti in relazioni ad aspetti cruciali della vita societaria.

La società per azioni, come già evidenziato, si costituisce per contratto quando vi siano almeno due soci, oppure per atto unilaterale di un unico socio.

Occorre però ricordare che, come per la società a responsabilità limitata, in caso di fallimento della società, per i debiti della società risponde illimitatamente l'unico socio se non abbia eseguito i conferimenti dovuti o se tale circostanza non sia stata comunicata al registro delle imprese.

Come per gli altri tipi societari, anche per la società per azioni esistono dei requisiti necessari:

- il socio o i soci;
- un oggetto sociale;
- un capitale sociale;
- i conferimenti;
- la ragione sociale;
- la sede;
- le partecipazioni sociali;
- gli organi;
- la durata.

Dei suindicati requisiti, quelli che richiedono delle specificazioni rispetto a quanto detto nei capitoli che precedono sono innanzitutto il capitale sociale il cui limite minimo è pari a

120.000 euro. Peraltro, per le società per azioni che svolgono particolari attività, è previsto un capitale sociale maggiore (come, ad esempio, nel caso delle banche o delle assicurazioni).

Come per la società a responsabilità limitata, anche per la società per azioni il capitale sociale è costituito dai conferimenti dei soci. Anzi l'ammontare totale dei conferimenti deve essere uguale al capitale sociale. I conferimenti che possono eseguirsi per costituire una società per azioni sono:

- quelli in denaro, per i quali si rimanda a quanto detto per le società a responsabilità limitata;
- quelli costituiti da beni in natura o crediti: anche per questi si rimanda a quanto detto per le società a responsabilità limitata.

Pertanto per le società per azioni non possono formare oggetto di conferimenti delle prestazioni d'opera o di servizi a favore della società come invece è possibile per le società a responsabilità limitata.

SEGRETO n. 40: la società per azioni ha un capitale sociale minimo di 120.000 euro e i conferimenti possono essere

costituiti in denaro o da beni in natura o da crediti.

Per la ragione sociale, chiamata denominazione – che deve contenere obbligatoriamente l'indicazione che si tratta di società per azioni – e per la sede legale vale quanto detto per la società a responsabilità limitata.

Come già accennato, caratteristica di tale tipologia di società è la suddivisione del capitale sociale in azioni. Esse rappresentano la quota predeterminata nello statuto di partecipazione al capitale sociale. Pertanto il valore nominale delle azioni non è dato dal numero dei soci, ma dal numero stesso delle azioni.

In altri termini, il valore delle azioni è dato dal capitale sociale nominale diviso per il numero delle azioni. Peraltro, nello statuto non è necessario indicare il valore nominale della singola azione, ma è necessario indicare il numero di azioni emesse cosicché esso sia comunque facilmente individuabile con l'operazione ora descritta.

SEGRETO n. 41: il capitale sociale della società per azioni è

suddiviso, appunto, in azioni, che rappresentano la quota predeterminata nello statuto di partecipazione al capitale sociale e il cui valore è dato dal capitale sociale diviso il numero di azioni.

Lo statuto deve indicare anche le caratteristiche delle azioni e le modalità di emissione e circolazione. Quanto alle caratteristiche, normalmente le azioni (chiamate in questo caso, ordinarie) attribuiscono il diritto al dividendo (cioè agli utili dell'esercizio), il diritto di opzione (all'acquisto di azioni di nuova emissione), il diritto di voto in assemblea ecc.

Esistono numerose altre tipologie di azioni che la società può emettere per le più diverse finalità. Le più utilizzate e indicate negli statuti sono:

- le azioni privilegiate nella distribuzioni degli utili o postergate nelle perdite o privilegiate in sede di liquidazione;
- le azioni a voto limitato a fronte normalmente di benefici economici;
- le *stock option*, cioè azioni emesse in favore dei soli lavoratori subordinati;

- le azioni con prestazioni accessorie di carattere personale da parte degli azionisti;
- le azioni correlate ai risultati dell'attività sociale;
- le azioni riscattabili dalla società o dai soci a fronte del pagamento di un prezzo;
- le azioni di risparmio, caratterizzate da una limitazione dei diritti di voto a fronte di benefici patrimoniali di solito nella distribuzione degli utili.

Con riferimento alle modalità di emissione, è sempre più frequente trovare statuti che prevedono la non emissione dei titoli cartacei rappresentativi delle azioni. In tal caso la qualità di azionista è quello che risulta dal libro dei soci. Con riferimento alle modalità di circolazione, lo statuto potrà prevedere che vi siano dei limiti. Ad esempio, potrà prevedere che sia vietato il trasferimento delle azioni anche se per un periodo non superiore a cinque anni. Lo statuto potrà prevedere, ancora:

- clausole di prelazione (secondo le quali le azioni prima di essere vendute debbono essere offerte agli altri azionisti);
- clausole di gradimento (secondo le quali le azioni possono essere vendute a soggetti di gradimento della società);

- clausole di consolidazione (secondo le quali le azioni, in caso di decesso dell'azionista, debbano essere acquistate dalla società o dai soci previo pagamento del prezzo che dovrà essere determinato osservando dei criteri prestabiliti).

Da quanto sopra, appare quindi molto importante utilizzare tutta l'elasticità che la legge consente nel disciplinare questo particolare aspetto societario soprattutto in relazione alle previsioni di accesso della società ai mercati di borsa.

SEGRETO n. 42: lo statuto della società per azioni deve prevedere le caratteristiche delle varie tipologie di azioni, le modalità di emissione e di circolazione.

Altro aspetto fondamentale che è disciplinato nello statuto è quello degli organi societari, che, rispetto alle società a responsabilità limitata, sono molto più articolati. In particolare, la legge consente ai soci d'inserire nello statuto diversi modelli di amministrazione e controllo:

- quello tradizionale, che prevede accanto agli amministratori, il collegio sindacale per il controllo sulla gestione e il revisore o i revisori per il controllo contabile;

- quello dualistico, che affida l'amministrazione a un consiglio di amministrazione; il controllo sulla gestione a un comitato per il controllo sulla gestione; il controllo contabile a un revisore o ad una società di revisione;
- quello monistico, che affida l'amministrazione a un consiglio di gestione, il controllo sulla gestione a un consiglio di sorveglianza e il controllo contabile a un revisore o a una società di revisione.

Il modello più utilizzato è quello tradizionale, conosciuto e collaudato, mentre il sistema dualistico ha dimostrato nelle sue applicazioni una costosa duplicazione di organi senza apprezzabili vantaggi. Il sistema monistico trova utilizzo soprattutto nelle società riconducibili formalmente o sostanzialmente a un unico socio o a un gruppo di soci particolarmente coeso.

SEGRETO n. 43: i soci nello statuto possono scegliere fra tre modelli di amministrazione e controllo: quello tradizionale, quello dualistico e quello monistico.

Nello statuto della società per azioni è necessario indicare la durata, indeterminata o determinata, della società e, nel primo caso, il periodo, comunque non superiore all'anno, decorso il quale il socio potrà recedere. Ovviamente accanto ai requisiti necessari che non debbono mancare nello statuto, la legge consente comunque di prevedere altre numerose clausole per adattare la disciplina della società alle necessità del caso concreto.

Si potranno quindi meglio disciplinare:

- la nomina, l'integrazione, i poteri il compenso e la cessazione degli amministratori e dell'organo di controllo;
- le modalità di funzionamento, i poteri, i *quorum* di costituzione e deliberazione dell'assemblea dei soci;
- le prestazioni accessorie, i poteri e il diritto di recesso dei soci;
- le caratteristiche, l'emissione e la circolazione delle azioni;
- la ripartizione degli utili e di acconti su di essi;
- le modalità di esecuzione delle operazioni straordinarie;
- le cause di scioglimento e la nomina dei liquidatori.

SEGRETO n. 44: nello statuto, i soci possono prevedere ulteriori clausole volte ad adattare lo statuto alle necessità del

caso concreto.

Una volta individuati gli elementi indispensabili per la costituzione della società per azioni, il procedimento di costituzione è sostanzialmente riconducibile a quello già descritto per la società a responsabilità limitata.

L'unica differenza sostanziale è rappresentata dalla modalità di costituzione che, accanto a quella tradizionale mediante comparizione di tutti i soci davanti al notaio, prevede anche la costituzione per pubblica sottoscrizione, cioè a seguito di un procedimento particolarmente complesso, raramente utilizzato, con il quale i così detti promotori raccolgono le adesioni tra il pubblico.

Per il resto vale, quindi, quanto già illustrato per la società a responsabilità limitata. È bene ricordare ancora una volta che, in caso di società unipersonale, anche i conferimenti in denaro, oltre a quelli in natura o rappresentati da crediti, debbono essere eseguiti interamente, altrimenti, come indicato in apertura di capitolo, il socio può essere chiamato personalmente e illimitatamente a pagare i debiti della società. Prima di concludere il capitolo sulla società per azioni, è importante richiamare, è la possibilità per i soci di stipulare i patti parasociali dei quali si è fatto cenno in apertura del capitolo.

Si tratta di accordi con i quali tutti o alcuni dei soci decidono di regolare i propri rapporti in modo diverso o aggiuntivo rispetto a quanto previsto nello statuto. Essi sono un vero e proprio contratto e hanno quindi forza vincolante per i sottoscrittori ma non per gli altri soci che ne siano rimasti estranei.

La legge stabilisce che i patti parasociali non possono avere durata superiore a cinque anni e che si intendono stipulati per questa durata anche se i soci hanno previsto un termine maggiore. Tra le varie tipologie di patti parasociali maggiormente diffusi nella prassi ci sono:

- i sindacati di voto che prevedono i comportamenti dei sottoscrittori in sede di votazione in assemblea e possono funzionare con le modalità più diverse (ad esempio, funzionamento a maggioranza o all'unanimità);
- i sindacati di blocco che prevedono limitazioni per i

sottoscrittori nel caso decidano di vendere le azioni.

Pur previsti dalla legge nell'ambito della disciplina sulla società per azioni, i patti parasociali sono utilizzati nella prassi anche dai soci delle società a responsabilità limitata.

SEGRETO n. 45: gli azionisti possono stipulare accordi, denominati patti parasociali, con i quali tutti o alcuni dei soci decidono di regolare i propri rapporti in modo diverso o aggiuntivo rispetto a quanto previsto nello statuto.

RIEPILOGO DEL CAPITOLO 5:

- SEGRETO n. 38: La società per azioni costituisce un modello societario complesso il quale richiede un'organizzazione e, conseguentemente, costi piuttosto sostenuti che costituiscono il prezzo del vantaggio della limitazione del rischio d'impresa.
- SEGRETO n. 39: È assai frequente che i soci di una società per azione sottoscrivano dei patti parasociali per disciplinare i reciproci rapporti in relazioni ad aspetti cruciali della vita societaria.
- SEGRETO n. 40: La società per azioni ha un capitale sociale minimo di 120.000 euro e i conferimenti possono essere costituiti in denaro o da beni in natura o da crediti.
- SEGRETO n. 41: Il capitale sociale della società per azioni è suddiviso, appunto, in azioni che rappresentano la quota predeterminata nello statuto di partecipazione al capitale sociale e il cui valore è dato dal capitale sociale diviso il numero di azioni.
- SEGRETO n. 42: Lo statuto della società per azioni deve prevedere le caratteristiche delle varie tipologie di azioni, le modalità di emissione e di circolazione.
- SEGRETO n. 43: I soci nello statuto possono scegliere fra tre

modelli di amministrazione e controllo: quello tradizionale, quello dualistico e quello monistico.

- SEGRETO n. 44: Nello statuto, i soci possono prevedere ulteriori clausole volte ad adattare lo statuto alle necessità del caso concreto.
- SEGRETO n. 45: Gli azionisti possono stipulare accordi, denominati patti parasociali, con i quali tutti o alcuni dei soci decidono di regolare i propri rapporti in modo diverso o aggiuntivo rispetto a quanto previsto nello statuto.

Conclusione

Nei capitoli precedenti abbiamo spiegato quali sono gli strumenti per avviare la società dei propri sogni. Dopo aver descritto che cosa sia una società e quali siano i tipi che la legge prevede, si sono enucleati alcuni criteri che chi intende costituire una società deve ben tenere a mente e ponderare prima di compiere la scelta.

Ovviamente tali strumenti dovranno essere nel concreto verificati, sulla base di ogni specifica situazione, insieme con professionisti qualificati (avvocati, commercialisti, notai e fiscalisti) che dovranno accompagnare passo per passo gli imprenditori che intendono costituire una società. Ovviamente, quanto descritto ha lo scopo di fornire le prime "istruzioni per l'uso" e quindi non può che costituire un primo passo verso il proprio progetto di *business*.

In ogni caso, l'avvio di una *start up* societaria, come ogni cosa di questa vita, per la sua riuscita ha bisogno di una serie combinata di elementi: (in)formazione (per sapere quello che ci si aspetta e assumere i rischi consapevolmente); realismo (sapere su quali risorse si può contare); impegno (non trascurare nessun particolare) e forza di volontà (essere determinati al raggiungimento del risultato).

Occorre essere pronti a non mollare anche quando gli ostacoli (e quando si avvia un *business* essi sono davvero tanti) appaiono insormontabili cercando di essere consapevoli delle proprie risorse (per evitare di strafare disperdendole) ma, allo stesso tempo, capaci di guardare con ottimismo al futuro. Quindi, se vi trovate ora con il vostro foglio bianco sul punto di descrivere il *business* della vostra vita rileggete con attenzione le pagine che precedono e contattate subito i vostri consulenti per scegliere al più presto la soluzione e la strategia che meglio si adatti alla vostra situazione.

www.ingramcontent.com/pod-product-compliance
Ingram Content Group UK Ltd.
Pitfield, Milton Keynes, MK11 3LW, UK
UKHW022013190726
13853UKWH00005B/1901